Marusha Carracedo Fernández

APULEYO EDICIONES   FOMENTO DE VALORES   CUENTOS ILUSTRADOS

UXA QUIERE SER MAYOR

APULEYO EDICIONES   FOMENTO DE VALORES   CUENTOS ILUSTRADOS

Dedicado a mi hija Antía.

Estás creciendo y te vas haciendo mayor, pero el recuerdo de todo lo que querías hacer se convirtió en una historia. Vivir aventuras desconocidas también puede ser el sueño de otro niño. Se lo dedico además a todos los pequeños soñadores del mundo.

Uxa quiere ser mayor
para volar en un avión y
caminar entre las nubes.

Uxa quiere ser mayor y llevar sostenes de algodón.

Uxa quiere crecer y ser mayor
para llevar zapatos de tacón.

Viajar en un barco,
saltar a la mar y
nadar con los delfines
acariciándolos como cojines

Uxa quiere ser mayor y
tener tres bebés,
para besarlos, amarlos y
darles de comer.

Uxa quiere ser mayor
para cantarle a la luna y
pintarle unos bigotes
como la gata Lúa.

Uxa quiere ver el sol
sacarle su color y
pintarlo de flor.

Uxa quiere ser mayor
para subir a una araña y
con ella tejer
un lindo amanecer.

Amontonar hojas secas,
en ellas saltar y
hasta la copa del árbol llegar.

Mirar hacia el cielo y
una estrella fugaz encontrar,
pedirle un deseo y
que se haga realidad.

Uxa quiere ser mayor
para viajar hasta Australia y
en la bolsa de un canguro pasear.

Uxa quiere ser mayor
para una gimnasta famosa ser,

dar volteretas, hacer la vertical y
otra voltereta atrás dar
hasta mareada quedar.

Uxa quiere ser mayor
para en un tren viajar
y por la ventanilla volar
como un bello pavo real.

Uxa quiere crecer
y ser mayor como mamá,
para coser vestidos de algodón
y la barriga a su osito Boribón.

Uxa quiere ser mayor
para un perro tener,
comer y beber con él.

TORNEO DE AJEDREZ

Uxa quiere crecer
y ser mayor
para un partido de ajedrez jugar
y su trofeo de vencedora
mostrar.

TORNEO DE AJEDREZ

Uxa quiere crecer
y ser bailarina,
o mejor
una cantarina.

Uxa quiere crecer
para montar en bicicleta,
y en una patineta,
haciendo un montón de piruetas.

Uxa quiere ser mayor
para volar una cometa y
como si fuera una mariposa
volar, volar y volar.

Uxa quiere ser mayor
y un tesoro perdido
encontrar,

chocolate de sabores y
perlas multicolores
disfrutar.

Uxa quiere ser mayor
y a la pata coja saltar sin respirar

y luego contar
uno, dos, tres, ¡ya!
Un beso y a despertar.

© Marusha Carracedo Fernández (de la obra)
©Apuleyo Ediciones (de esta edición)
Primera edición en Apuleyo Ediciones: febrero 2025
Diseño de cubierta: Alejandro Rosas
Corrección: Aitor Andreu Guerrero
Maquetación: Alejandro Rosas
Ilustraciones: Bertha Beltrán Ordóñez
Coordinación editorial: Isidoro Cidre González
info@apuleyoediciones.com
www.apuleyoediciones.com
ISBN: 978-84-1060-461-2
Depósito legal: H 673-2024

Hecho e impreso en España.